mamma

maman

papà

papa

bambino

garçon

bambina

fille

1

uno

un

2

due

deux

3

tre

trois

4

quattro

quatre

5

cinque

cinq

6

sei

six

7

sette

sept

8

otto

huit

9

nove

neuf

10

dieci

dix

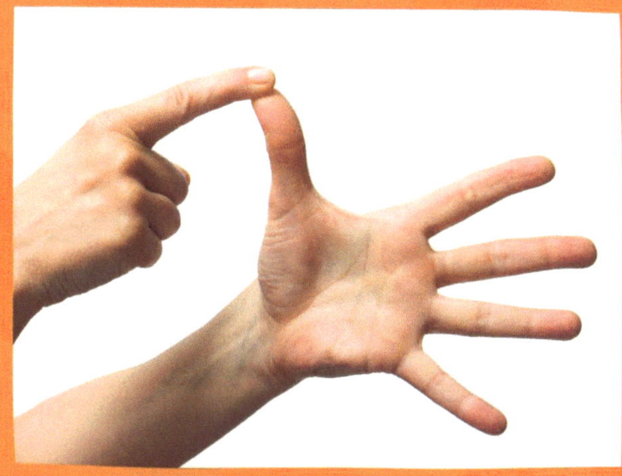

contare

compter

scrivere

écrire

disegnare

dessiner

dipingere

peindre

cerchio

rond

quadrato

carré

rettangolo

rectangle

triangolo

triangle

stella

étoile

nero

noir

bianco

blanc

marrone

marron

brun

rosso

rouge

blu

bleu

giallo

jaune

verde

vert

viola

violet

grigio

gris

arancione

orange

rosa

rose

mela

pomme

banana

banane

ananas

ananas

cocomero

🇫🇷 pastèque
🇨🇦 melon d'eau

pera

poire

uva

raisins

mango

mangue

pesca

pêche

fragola

fraise

ciliegia

cerise

arancia

orange

cocco

noix de coco

limone

citron

fungo

champignon

mais

🇫🇷 maïs
🇨🇦 blé d'inde

pomodoro

tomate

zucca

citrouille

cetriolo

concombre

carota

carotte

patata

🇫🇷 pomme de terre

🇨🇦 patate

zucchina

courgette

spinacio

épinard

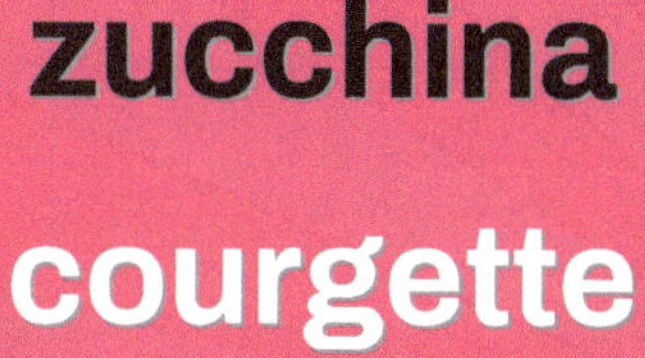

cavolfiore

chou-fleur

uovo

oeuf

piatto

assiette

cucchiaio

cuillère

coltello

couteau

forchetta

fourchette

torta

gâteau

biberon

biberon

caramelle

bonbons

formaggio

fromage

bere

boire

mangiare

manger

caldo

chaud

freddo

froid

piccolo
petit

grande
grand

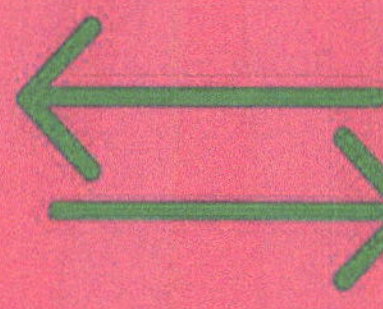

corto
court

lungo
long

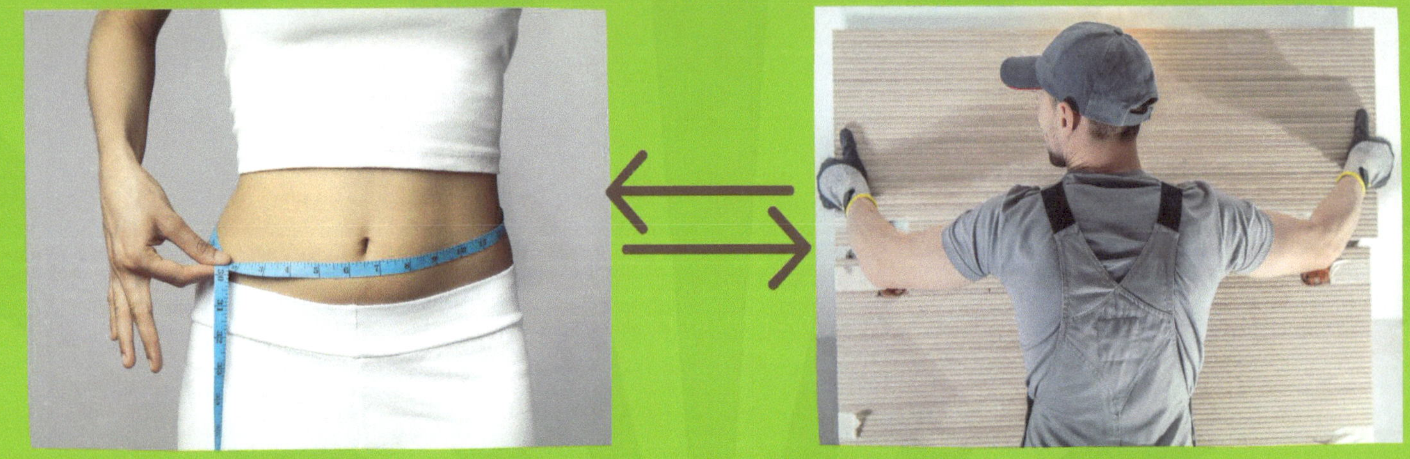

sottile

mince

largo

grand

facile

facile

difficile

difficile

  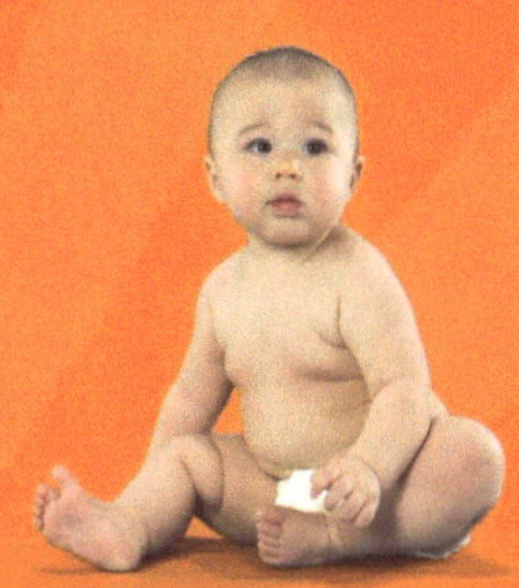

alzarsi

debout

sedersi

assis

dolce

sucré

salato

salé

pesante

lourd

leggero

léger

dentro

dedans

fuori

dehors

sporco
sale

pulito
propre

chiudere
fermé

aprire
ouvert

matite

crayons

orologio

horloge

chiave

clé

libro

livre

letto

lit

culla

lit bébé

tavolo

table

sedia

chaise

automobile

🇫🇷 **voiture**
🇨🇦 **char**

bicicletta

🇫🇷 **vélo**
🇨🇦 **bicyclette**

aereo

avion

barca

bateau

treno

train

elicottero

hélicoptère

camion dei pompieri

camion de pompier

pompiere

pompier

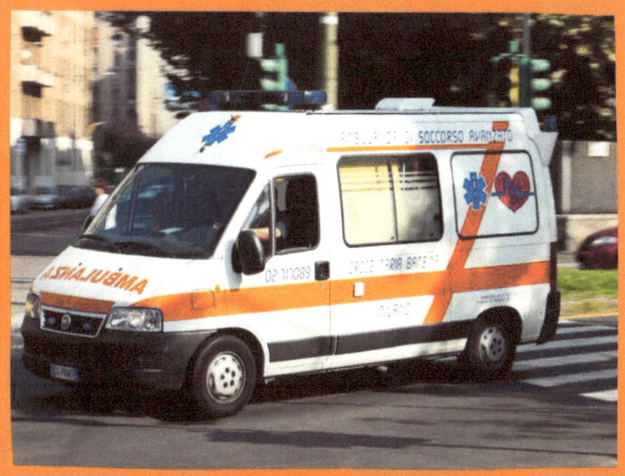

ambulanza

ambulance

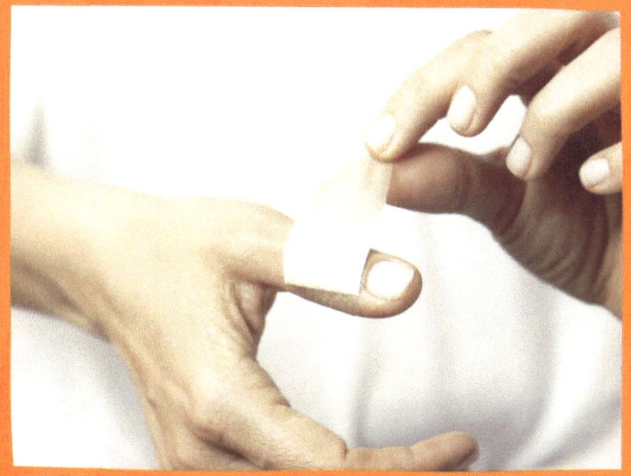

benda

pansement

paramedico

ambulancier

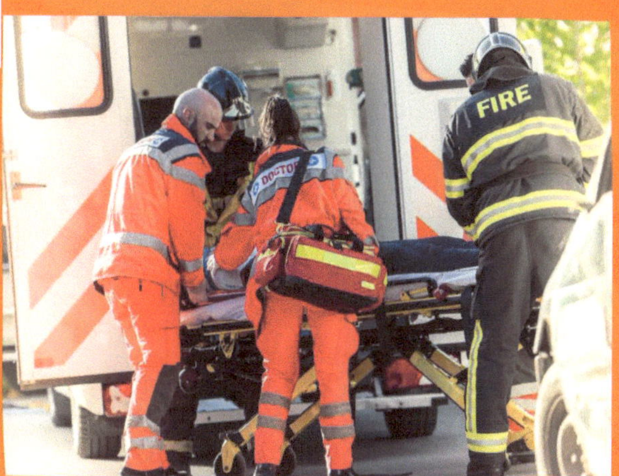

squadra di soccorso

équipe de secours

foresta

forêt

montagna

montagne

erba

herbe

sabbia

sable

albero

arbre

fiore

fleur

farfalla

papillon

formica

fourmi

gatto

chat

cane

chien

cavallo

cheval

topo

souris

mucca

vache

maiale

cochon

pecora

mouton

anatra

canard

oca

oie

coniglio

lapin

pesce

poisson

veterinario

vétérinaire

dottore

docteur

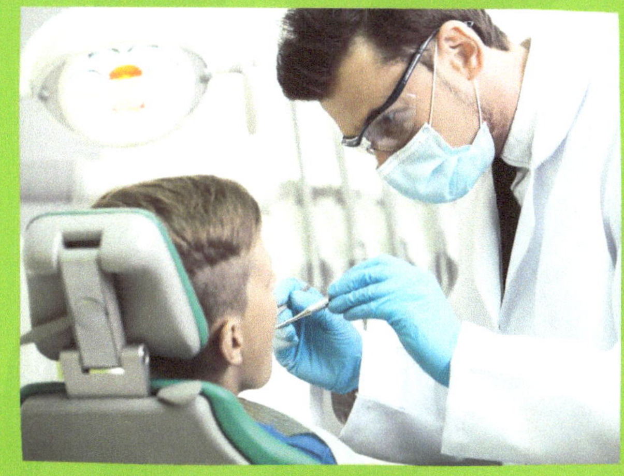

dentista

dentiste

farmacista

pharmacien

infermiere

infirmière

testa

tête

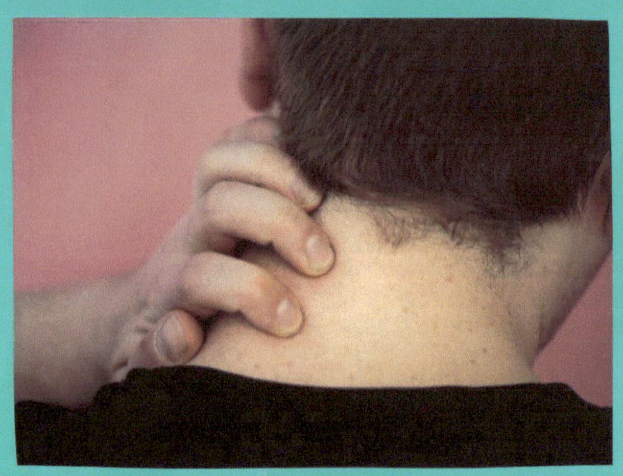

collo

cou

piede

pied

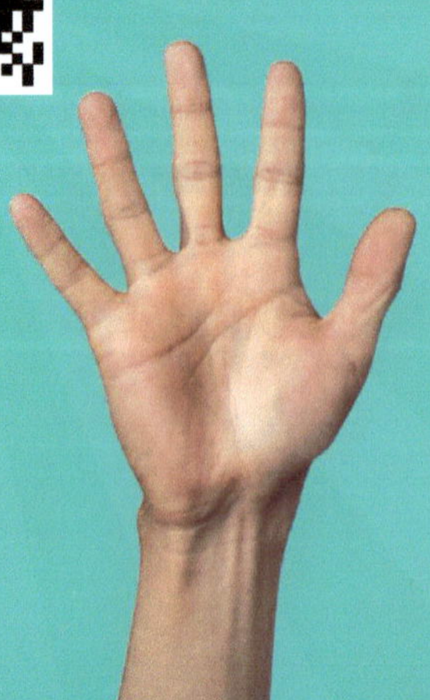

mano

main

denti

dents

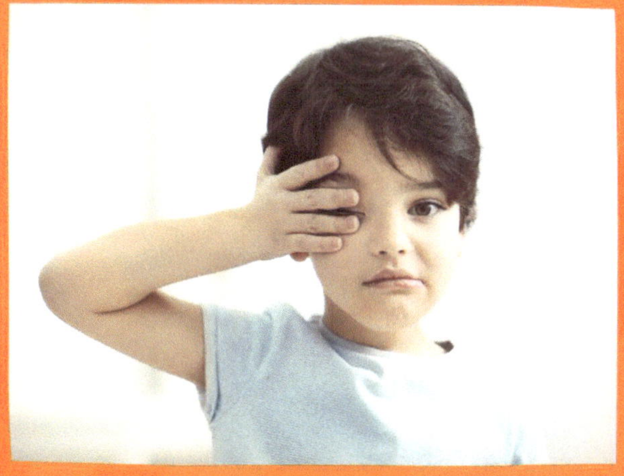

occhio

oeil

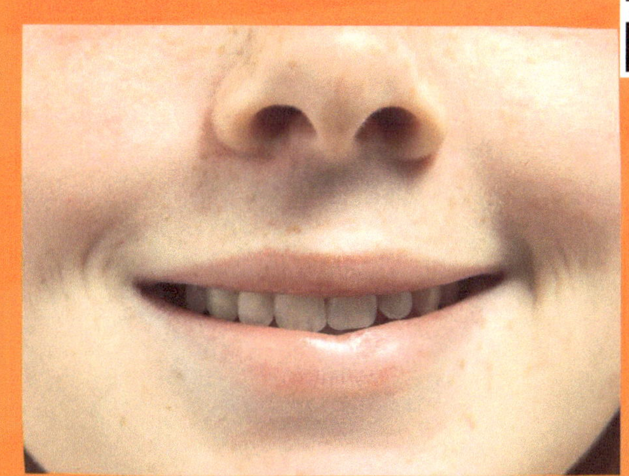

bocca

bouche

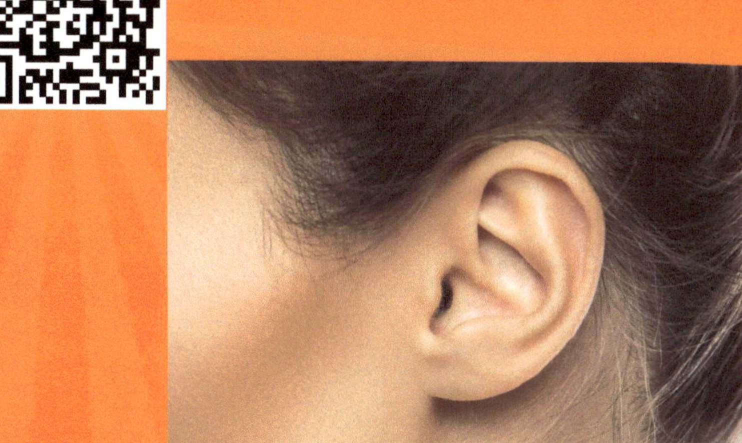

orecchio

oreille

cappello

chapeau

pantaloni

pantalon

vestito

robe

scarpe

chaussures

souliers

cappotto

manteau

sciarpa

ombrello

parapluie

occhiali

lunettes

sole

soleil

nuvoloso

nuageux

piovoso

pluvieux

luna

lune